dec. 2009

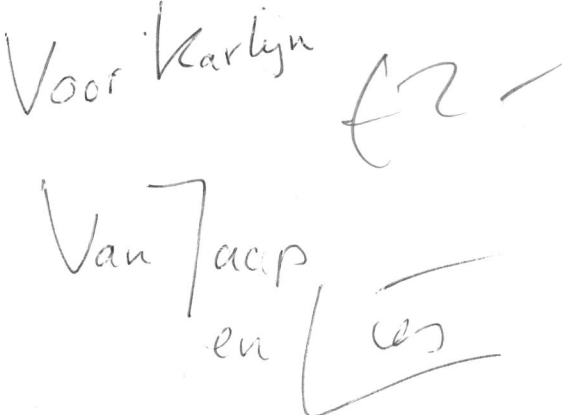

Het stapelschaap

Het stapelschaap

dierengedichten van
Jan Bontje
Jan T. Bril
Wim Bruynooghe
Marleen Kamminga
Wiljen van Seters
Laurens Windig
Wilma van Woesik
Cilja Zuyderwyk

met schilderijen van Corrie Kuipers

A3

Inhoud

Het stapelschaap	6
Op stelten	8
Koe in patstelling	10
De emigrant	12
High koe	14
Vluchtkuikens	16
Paard met kunstbeen	18
Ezelina	20
De Goudvis en de Geit	22
In de pruikentijd	24
Drukte	26
De liefdesboom	28
Doctor Kitty	30

Snor	32
De mummiekat	34
In het huwelijksbootje	36
Duikbootkatten	38
Aan tafel	40
Zeepaartje	42
Het dagelijkse rondje	44
Fido	45
Waar twee honden vechten	46
Zonnig	48
De vliegeniers	50
Een struise dame	52
De muts	54
De breigiraffe	56
De schildpad en de slak	58
Goede raad	60

Het stapelschaap

Er was een boer in Zevenaar
Die stapelde, en stapelde maar
Al zijn schapen op elkaar
Gut, sprak men, wat is daar aan de hand
Tja, die boer, hij had gebrek aan land
Het dorp had last van stadse fratsen
En wilde alle landbouwgrond verpatsen
Aan projectontwikkelaars
Die bouwden, en die bouwden maar
Huizen, schuren, kerken, alles door elkaar

De schapen kwamen meer en meer in hoger
sferen
Dit kon niet langer, het tij moest keren
Het jongste lammetje, bovenop als topper
Werd tot gehakt vermalen door een helicopper
En zijn tweelingbroertje aan de andere kant
Heeft zijn billen aan de zon gebrand
Een derde, helemaal beneden op de grond
Kreeg verschrikkelijke jeuk aan zijn kont

En toen hij even lekker wilde schuren
Viel de hele stapel om in de tuin van de buren

De dorpelingen spraken er schande van
En broedden op een actieplan
De burgemeester kwam ook kijken
En met hem de geestelijken
Uiteindelijk emigreerde de boer naar een dorp
in de buurt
Daar heeft hij heel veel land gehuurd
En hebben zijn schapen plaats genoeg
Om door de wei te draven
Maar soms, als je 's morgens heel, heel vroeg
Langs dit schapenlandje gaat
Zie je dat het ene schaap wel eens op het
andere staat
Dat komt, hoorde men de boer beweren
Omdat zij het mooie uitzicht zo ontberen

Wilma van Woesik

Op stelten

Er was onlangs een reünie
van krasse *vee*teranen
met 68-nostalgie
die zich nog jeugdig wanen.

De winnaar hier in koerstuniek
die in de estafette
van een ludiek concours *hippie*que
de boel op stelten zette.

Wim Bruynooghe

Koe in patstelling

Het opstaan ging vanmorgen nogal moeilijk.
Nu ben ik soms een zeer onhandig beest,
maar toen ik eenmaal op mijn hoeven stond
gaf ik een loei van schrik en hoogtevrees.

Mijn poten waren aan de groei gegaan,
wat zeg ik: doorgeschoten. Wat een stelten!
Ik voelde me een pasgeboren kalfje
dat voor het eerst probeert te blijven staan.

Het eten kan ik wel vergeten en er
valt niets te herkauwen, want dan zou ik
eerst wat kilo's groen moeten verstouwen.

Hoe moet dat nou, ik kan niet bij het gras,
zal ik hier blijven staan of toch gaan liggen?
Ik wou maar dat ik vindingrijker was!

Jan T. Bril

De emigrant

Ze is het schip ingegaan, onze zwartbonte Neel,
liet geen twijfel bestaan: het werd haar teveel
in het overbemeste Tietjerksteradeel.

Van Bloemfontein tot Michigan,
ze was overal welkom als immigrant
want zwartbont kleurt bij alle volken
zonder inweiding of trammelant.

Nooit droomt ze meer van het Heitelân,
van weiden, meren, stapelwolken,
zegt: "Gras is ook groen aan deze kant."
Toch wordt ze dagelijks uitgemolken.

Marleen Kamminga

High koe

Oeiloei, ik heb vandaag een opgeblazen
gevoel in alle vier mijn magen, om van
mijn kop nog maar te zwijgen. 't Lijkt
wel of ik strakjes op ga stijgen. Daar ga

ik al! Mijn hemel, wat een vreemd gedoe,
ik lijk wel high en kijk ik naar beneden,
in het water van de sloot, dan ben ik
krek een lapjeskoe. Mijn uier! Shit,

er zitten Siamezen in en zo
te zien met een enorme kater. Wat een
ravage. Heb ik misschien staan grazen op

een wietplantage? Hihi, das typisch wat
voor mij, wat ben ik toch een gekke koe.
Hellup! Ik wil weer naar mijn weitje toe!

Jan T. Bril

Vluchtkuikens

Ik geef het toe: het is een wanhoopspoging,
want vliegen is nu eenmaal niks voor ons
en als het misgaat gaan ze met een plons
de sloot in. Toch, ik dacht als het nu zo ging

dat ik de kids lanceer van een verhoging
dan zweven ze misschien wel weg. Hun dons
is licht, hun kuikenlijfjes zijn als spons
zo zacht. Als mijn kroost nu maar omhoog ging,

wat mee kon waaien met de oostenwind,
dan vonden ze misschien een beter stekkie:
een scharrelerf, een kinderboerderij.

Want alles is toch beter voor je kind
dan anoniem en op een piepklein plekkie
je jeugd te slijten in de batterij.

Jan T. Bril

Paard met kunstbeen

een flinke hengst gehad
van tuig tegen het achterbeen

op stal was er één
die kreeg een trap
hinnikt niet van blijdschap

nu heeft zij iets bijzonders
één van de vier apart

Laurens Windig

Ezelina

Ezelina's moeder zei altijd
dat zij de mooiste was
de mooiste van het land

zij spiegelt in een waterplas,
- geen spiegel aan de wand -
zij schrikt een vreselijke schrik

wie is dat daar? ben ik
dat monster met die kop
met al dat grove haar er op?

heb ik zo'n suffe snuit,
zo'n grauwe, grijze huid?
zo'n bolle buik en stramme benen
en waar zijn toch mijn tenen?

Ezelina dacht zo mooi te zijn
nu denkt ze: ik moet aan de lijn
en wat zij ook tenslotte wist
'k moet naar de schoonheidsspecialist

naar pedicuur en manicuur
al zijn die nog zo duur
en op de zonnebank
ik moet een maskertje van klei

en, lieve moeder maak voor mij
- waarvoor mijn diepe dochterdank -
vóór ik verkommer en verwelk
een bad vol ezelinnenmelk

Wiljen van Seters

De Goudvis en de Geit

Kijk, Guldenvin de Tweede
wordt bij deze plechtigheid
met staatsie rondgereden
door de Koninklijke Geit.
Die moet voorzichtig schrijden
voor het welzijn van de Vorst
en rigoureus vermijden
dat het water wordt gemorst.

Zo'n geitenbok heeft horens
en een overvaller denkt
wel zeven keer alvorens
hij de Vorst een haartje krenkt
of gooit met projectielen
bij een laffe overval.
Niets kan de kom vernielen.
Het is kogelvrij kristal.

Vorst Guldenvin, de goudvis,
die gesteld is op gemak,
rijdt, nu het niet te koud is,
in een koets met open dak.
Maar bij een plotse regen
raakt de koning overstuur.
Het peil blijkt dan gestegen
en het water extra zuur.

Gezien de weersvoorspelling
zet geen regendreiging nu
zijn uitstap op de helling
en hij hoeft geen paraplu.
Het wordt een heerlijk ritje
dus voor Zijne Majesteit
en nooit stapte een hitje
koninklijker dan die Geit.

Wim Bruynooghe

zij dacht
wat een schone
Händelheer
daar zou ik best mee willen
dansen

hij dacht
wat een schone
Mozartijnse
die geef ik zo een uitgebreide
révérence

Laurens Windig

Drukte

sinaasappels dansen in de bomen
de zomer is gekomen
lokt vele dieren
als de hazen dichtbij

een vogel staat te gillen
op een hertenhoog gewei
hier dragen ze zelfs zonnebrillen
en dat zorgt voor veel stampij

Laurens Windig

De liefdesboom

Zes poezen om een liefdesboom
verschenen in een schildersdroom.
Een vredelievend idioom:
hier geen verwijzing naar het beest,
dát is er hopelijk geweest.

Jan Bontje

Doctor Kitty

Ben je soms akelig en duf,
krom en oud of suf?

roep mij er bij!

ik ben een doctor met een graad
en een goede dienst van staat
ik bestudeerde lijf en geest
en ben directeur geweest
van het chicste hospitaal
ik ken elke ziektekwaal
en ben een ordentelijk persoon,
ik vraag maar weinig loon

Wiljen van Seters

Snor

Aanhoort het verhaal van een kater
Die incompleet ter wereld kwam
Want alleen aan rechterzijde zate'er
Slechts drie snorharen an

Het beest leed er niet erg onder
Maar op één punt ging het mis
In de liefde zat hij zonder
Blijkbaar was hij geen adonis

Maar de kat liet zich niet kisten
En plaatste met voortvarendheid
Tussen plebs en actionisten
Een advertentie in "De Nieuwe Tijd"

En het had succes, welzeker
Want op een mooie dag in mei keek er
Een poes net in de krant die van de visboer kwam
Alleen de tekst al maakte haar warm

Zij bleek zijn tegenbeeld want ook zij
Had slechts drie snorharen, maar dan ter rechterzij
Het klikte gelijk en zoveel weken later
Werd het moeder poes en vader kater

En alle drie de puppen waren
Met snorharen eerlijk bedeeld
Aan ieder was precies twee haren
Aan linker- en rechterzijde uitgedeeld

Wilma van Woesik

De mummiekat

De zuster van de Farao
kreeg van haar broer een kat cadeau.

Want in Egypte, moet je denken,
zijn katten heilige geschenken.

Dus ging de opperkamerheer
met de verpakking in de weer.

Waarbij de man, naar hij beweerde,
verstrooid de poes mummificeerde.

Wim Bruynooghe

In het huwelijksbootje

De duurbetaalde huwelijksreis bleek inderdaad exotisch
maar, zo vond het nieuwe paar, toch iets te symbiotisch
zo samen opgesloten in een vijandig biotoop
dan lig je al vlug met elkaar overhoop
de bruidegom werd zeeziek, hing groen over de reling
de bruid voelde zich katterig, ging krabben uit verveling
maar gelukkig is na veertien dagen het tij alsnog gekeerd
het huwelijk strandde niet, de boot werd veilig afgemeerd
ach joh, zei de bruid, als je zo'n huwelijksreis verdraagt
dan kun je toch wel stellen: we zijn als paartje geslaagd.

Marleen Kamminga

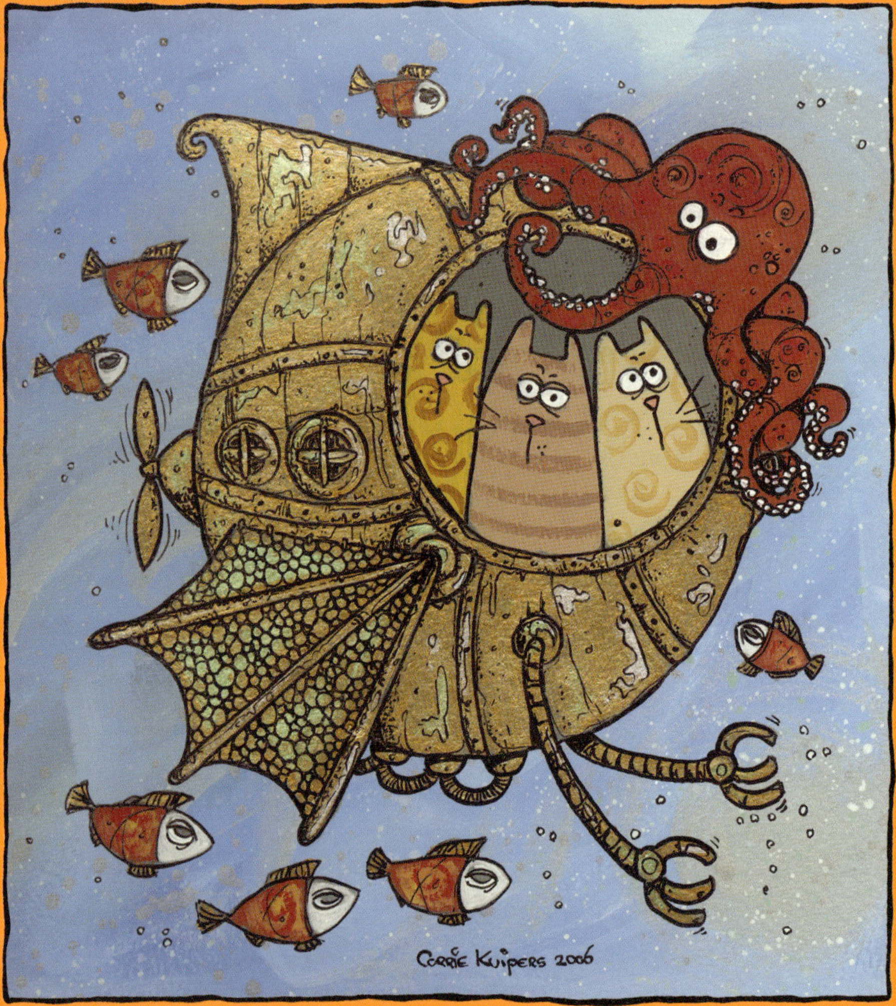
Corrie Kuipers 2006

Duikbootkatten

Wat zijn we diep gezonken
Minette Minoes en ik
we liggen in het water
want onze Karel kater
heeft een duikboottik

we kijken alle vissen aan
met groene schele ogen
likken de kreeften op het raam

heb met ons mededogen
we zitten vast in de cocon
van dit wonderlijke schip

hoe zijn we hier gekomen
zijn dit nu poezendromen
of zijn we echt geflipt?

Cilja Zuyderwyk

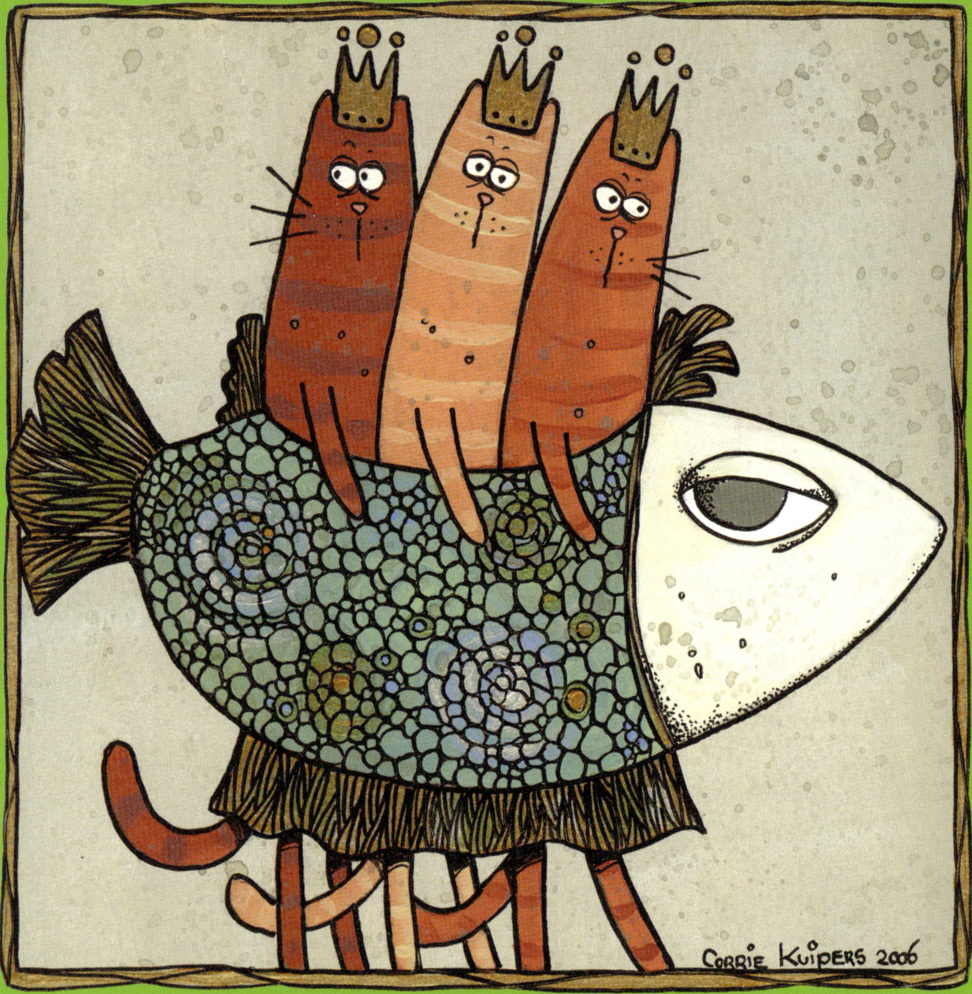
CORRIE KUIPERS 2006

Aan tafel

Loopvis klutst het ei
voor de balkenbrei
zij bakt en braadt
van vroeg tot laat
want zij heeft een dagje vrij

bijna is de maaltijd klaar
loopvis roept voldaan en blij:
"snorren wassen, eten maar"
naar haar adoptiekinderschaar

Wiljen van Seters

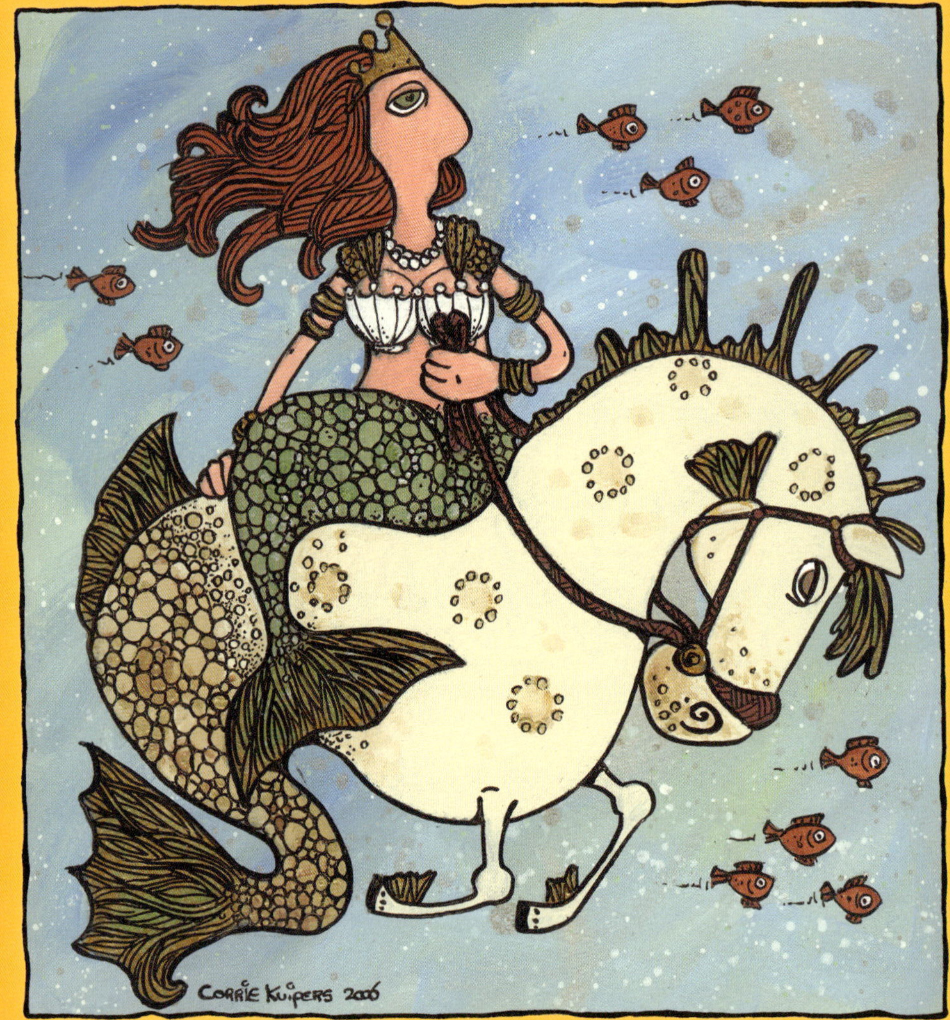
CORRIE KUIPERS 2006

Zeepaartje

met heel veel leven
in de watermolen
is het allemaal begonnen

het klinkt een beetje raar
zij zat op het paardje
en alles ging door twee
hun benen hingen ergens anders
daar zat de dierenarts niet mee

vond hier en daar een staartje
plakte in het donker
van alles aan elkaar
wat moet je onder zee?

het is alweer een tijd geleden
nu vormen ze een paartje
veel ellende overwonnen

wat voor werk ze samen doen?
hij doet water naar de zee toe dragen
en zij zit als model
op een steen in Kopenhagen

Laurens Windig

Elke dag liet dame potvis
Heel getrouw haar hondje uit
Maar wat voor het beestje nou zo rot is
Al zwemmend kwam hij niet vooruit
Ze heeft er toen wat op gevonden
Ze zette hem boven op haar spuit
Zo zwemt ze elke dag haar ronde
En laat getrouw haar hondje uit
Wilma van Woesik

Ik weet niet wat ik met mijn hond moet.
Het beest is ernstig hydrofoob.
En met vooruitzicht op de zondvloed
rest er voor Fido weinig hoop.

Wim Bruynooghe

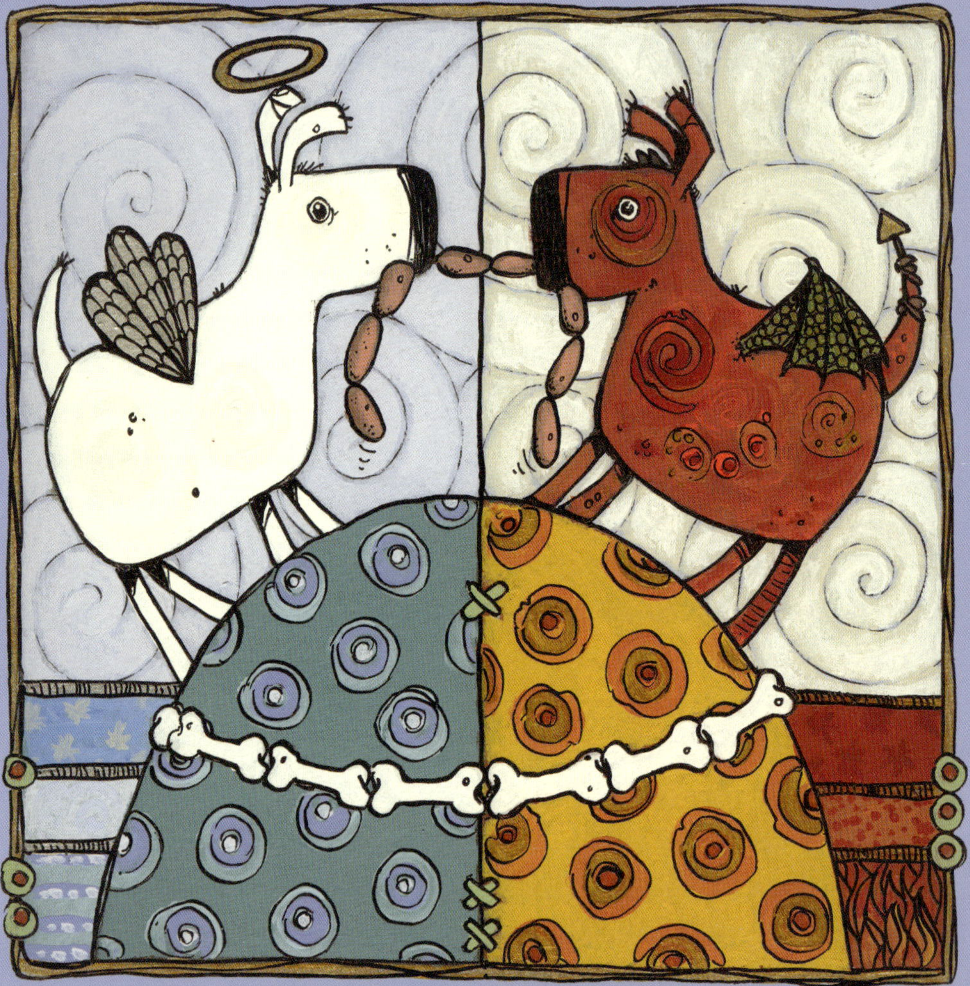

Waar twee honden vechten

Een foxhond, die een meter worst
gejat heeft bij de slager,
botst op een kees, een brave borst
en zingt een toontje lager.

Daar gaat, denkt hij, een deel der buit.
Zo'n slinger blijft niet rekken.
't Is maar de vraag wie tot besluit
aan 't langste eind zal trekken.

Voorlopig is het status-quo:
't blijft evenwichtig kampen.
De boze slagersknecht krijgt zo
de kans om aan te klampen.

Als roemloos einde van 't gevecht,
tenslotte ingelopen,
zijn beide blut en laat de knecht
ze 't alletwee bekopen.

Wim Bruynooghe

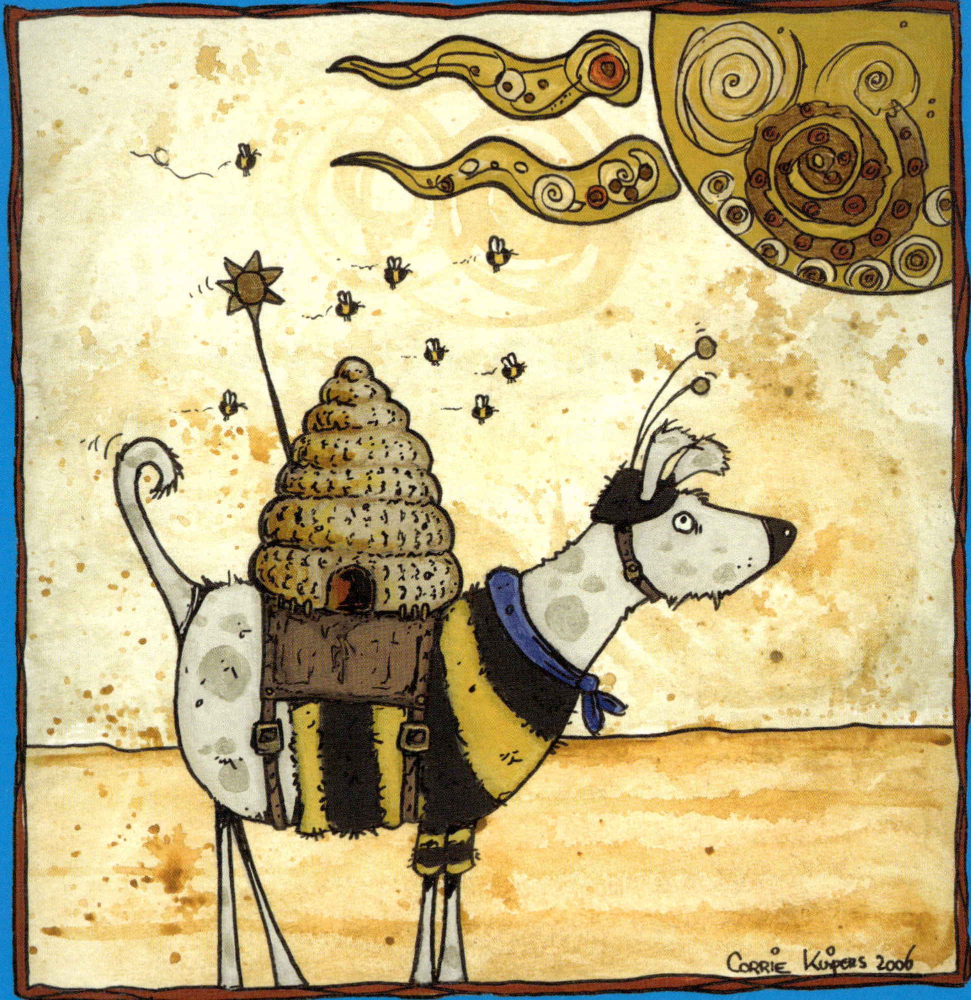
CORRIE KUIPERS 2006

Zonnig

Wat heerlijk om een bij te zijn
te dansen in de zomerlucht ons
huisje op de rug van Hannie Hond

te zoemen op de heide te zonnen
op haar stoffen dij
wanneer we uitgevlogen zijn

maar zij was liever ook een bijtje
aan haar dek te zien
wat draagt ze voor een raar geval
of is het zomercarnaval
de zonnekolder in haar kop misschien?

Cilja Zuyderwyk

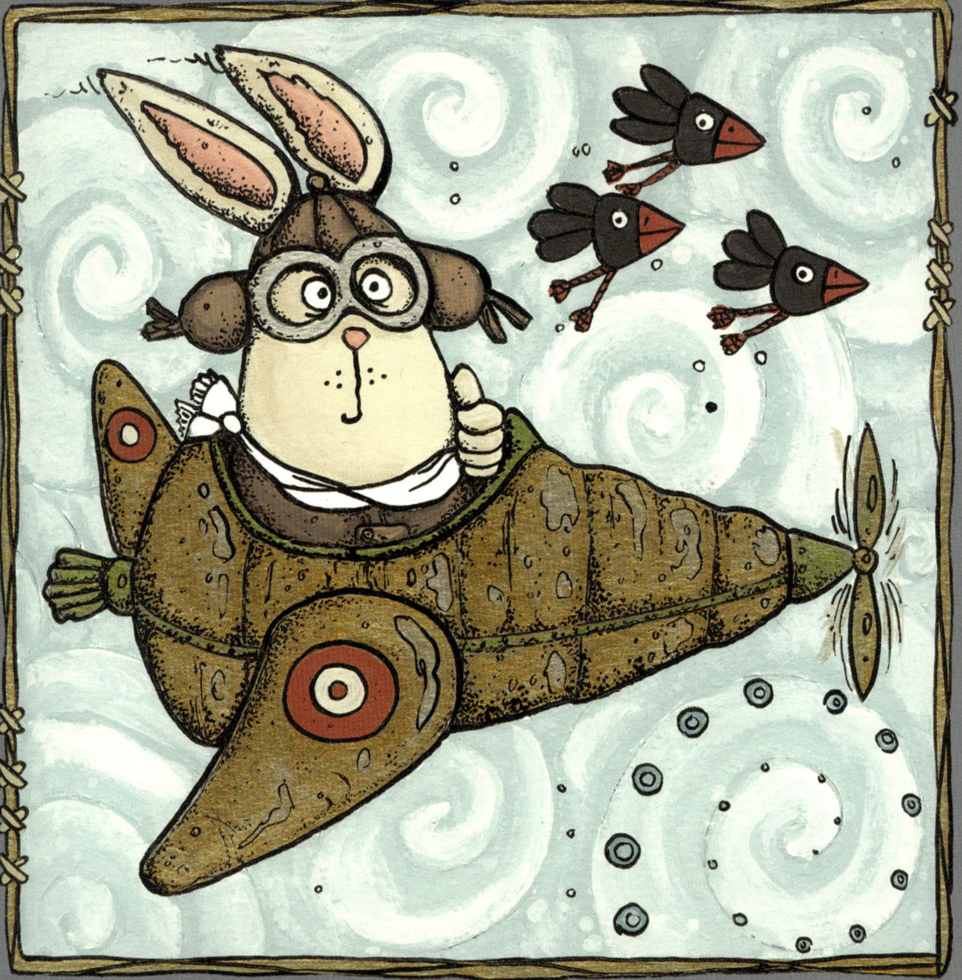

De vliegeniers

A squadron called the Royal Rabbit
has quite an extraordinary habit:
it's left wing is a triad of crows
and no one knows the why's and how's

Jan Bontje

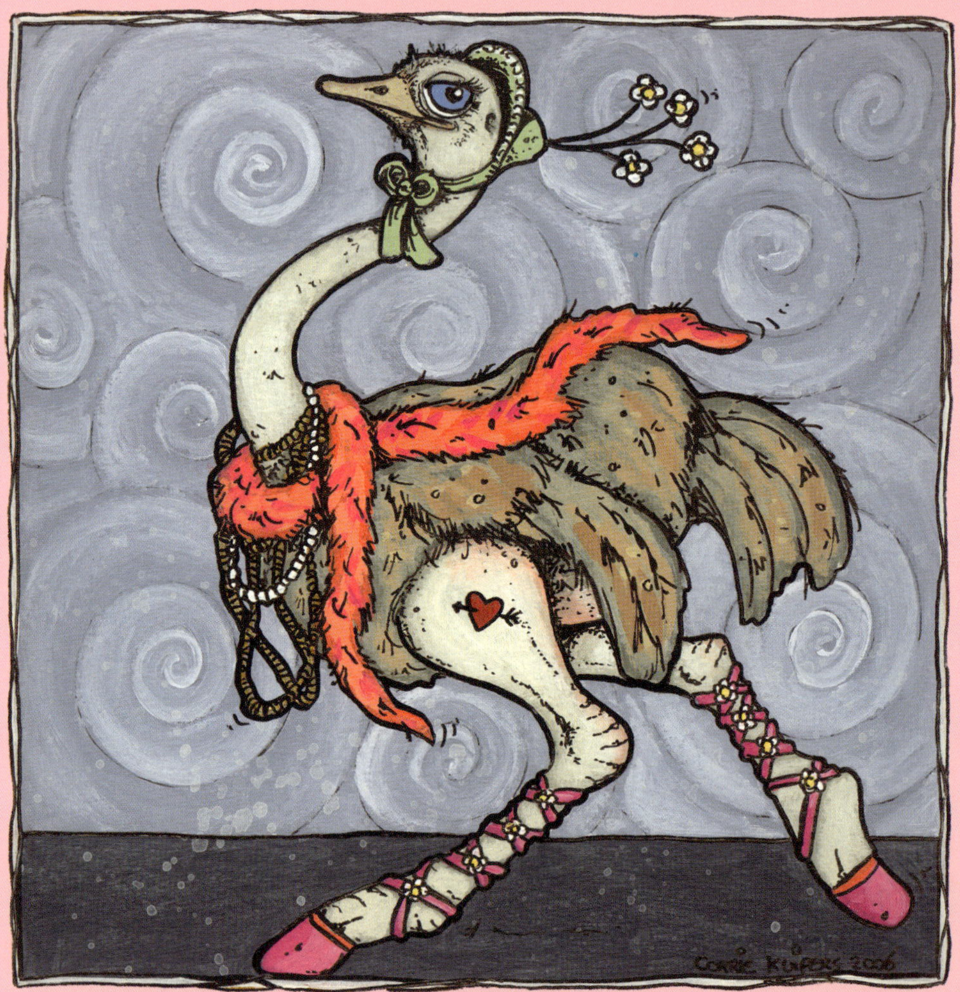

Een struise dame

Noem mij maar
lichtzinnig
't is waar
dol op smuk en opschik
ben ik
en losbandig
ik zoek vertier
in tooi en luister
en weelderige sier
ik ben een dier
van lichte zwier

noem mij maar
wuft, frivool, mondain, koket,
noem mij desnoods een slet
't is waar, maar
er is niets dat mij belet
om met het allergrootst plezier
mij zelf te tooien
in flatteuze, mooie
haute couture,
dan weet ik mij een dier
van grand'allure

Wiljen van Seters

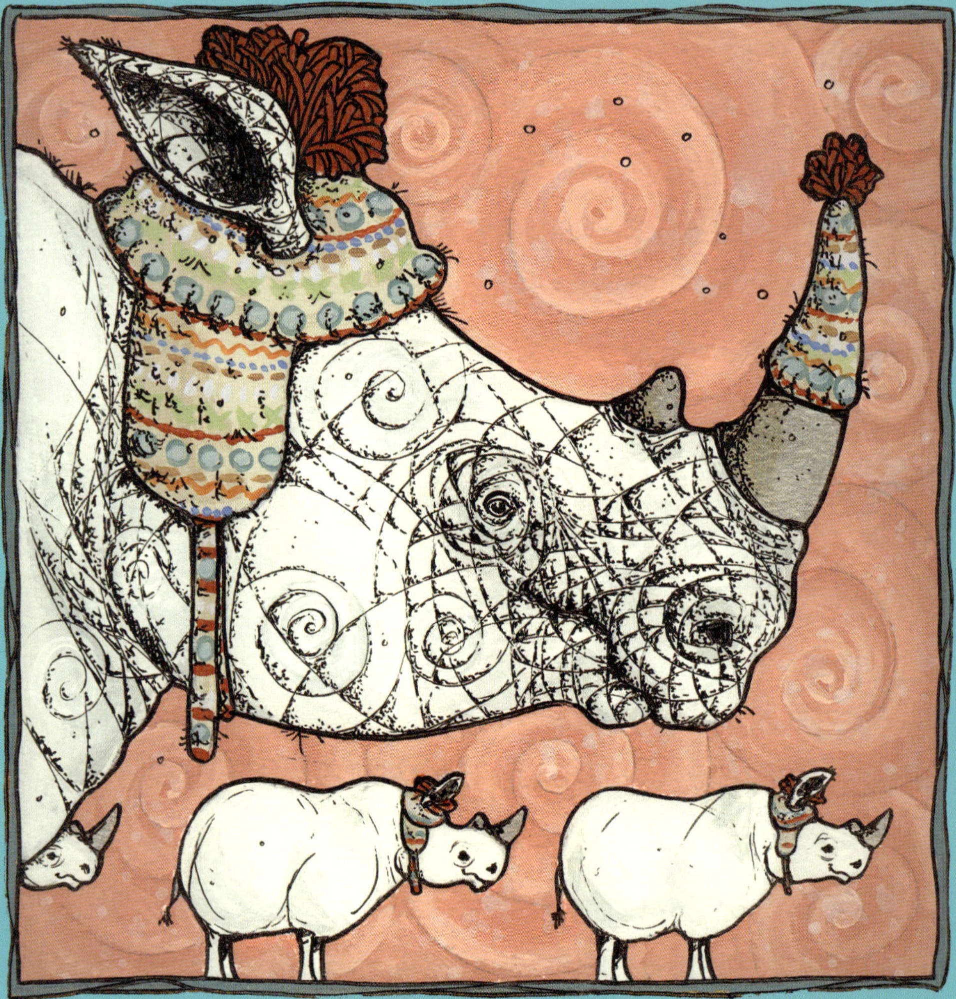

De muts

Een neushoorn was wat kouwelijk
en als je het mij vraagt, ouwelijk.
Een muts op hoofd en horen
kon niemand écht bekoren.
Haar kleintjes echter, vertrouwelijk:
"Nou mama, wij zijn óók kouwelijk!"

Jan Bontje

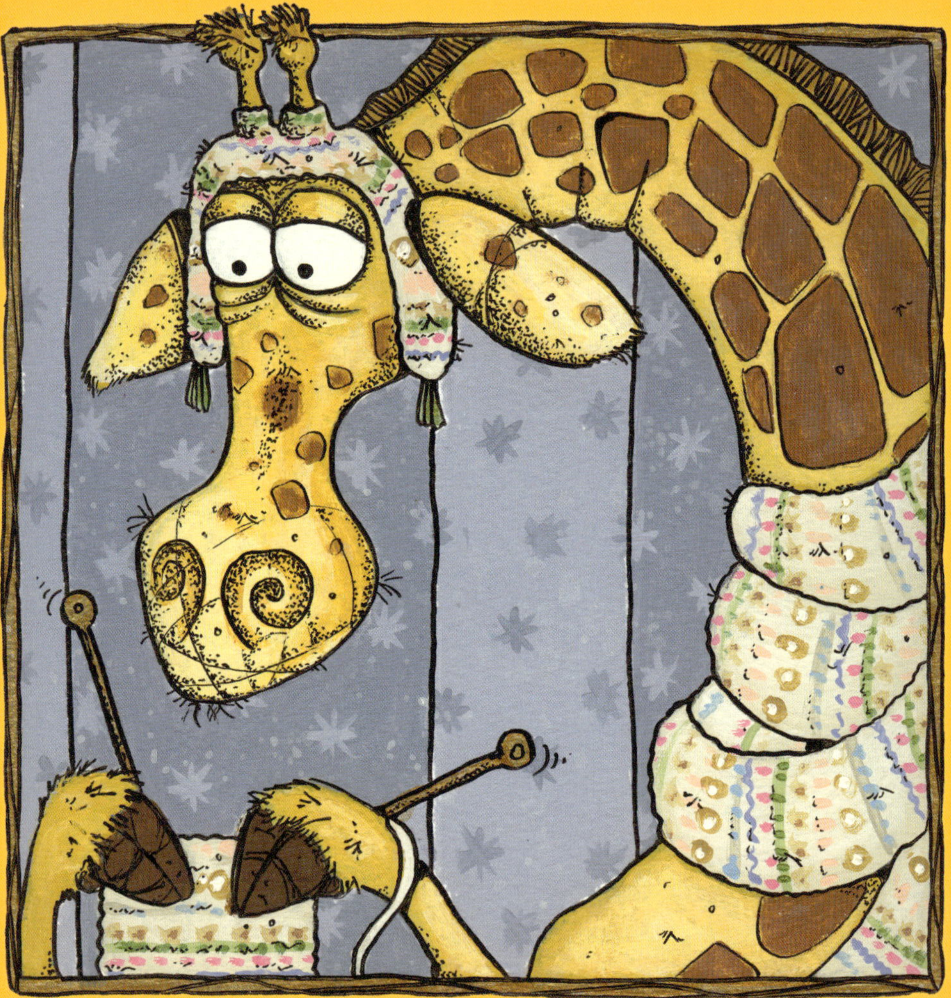

De breigiraffe

In zware winters heeft normaal
een zuiderse giraffe
behoefte aan een warme sjaal
en hoestpastilles... straffe.

Het lijkt me wel geen goed idee
dat zij een weeklang breide
aan iets dat na een tel of twee
voorzeker af zal glijden.

Want hoe valt zulk een lange sjaal
nu om haar hals te winden?
En, als het lukt, in een spiraal,
hoe zoiets vast te binden?

Neen, dat systeem heeft weinig zin.
Je knoopt voor mijn part beter
dicht op elkaar, van romp tot kin,
tien sjaaltjes van één meter.

Wim Bruynooghe

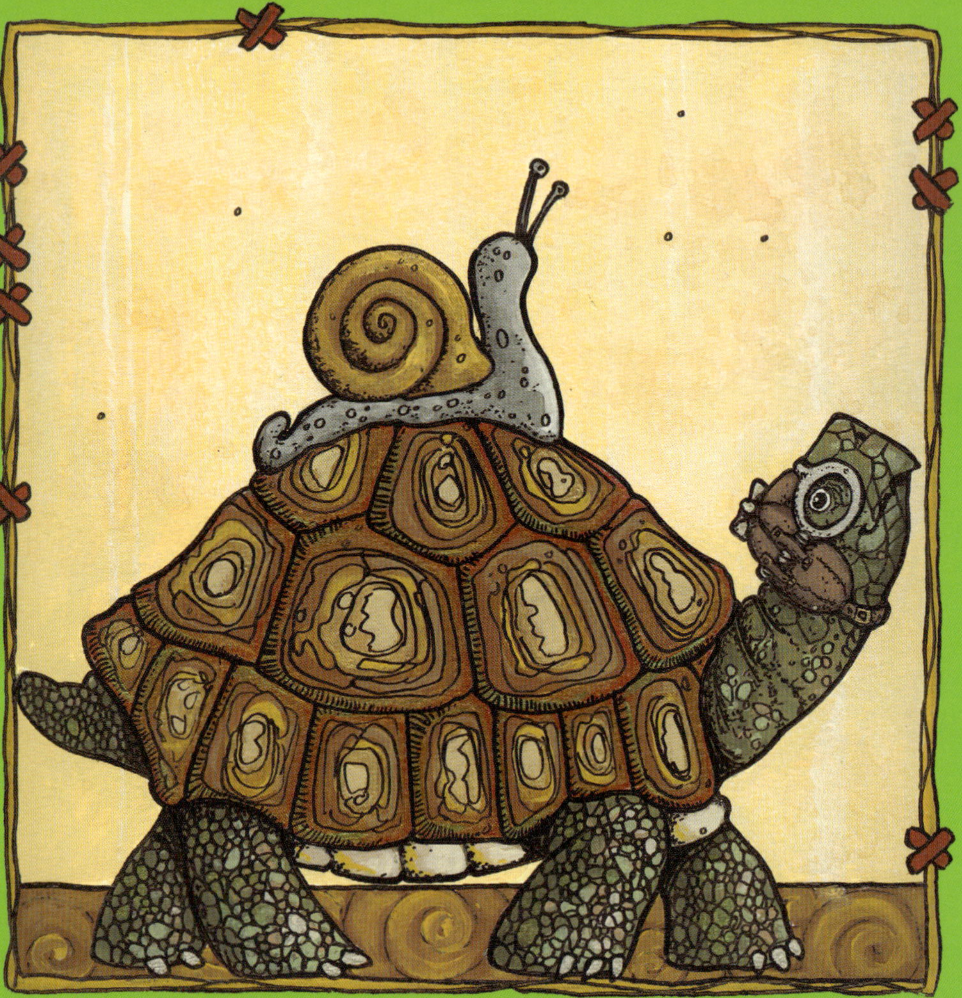

De schildpad en de slak

Een schildpadmevrouw in ter Apel
verleidde een slak: "Maak me stapel!"
De slak zei: "Heel graag,
maar ik ben wél erg traag..."

Jan Bontje

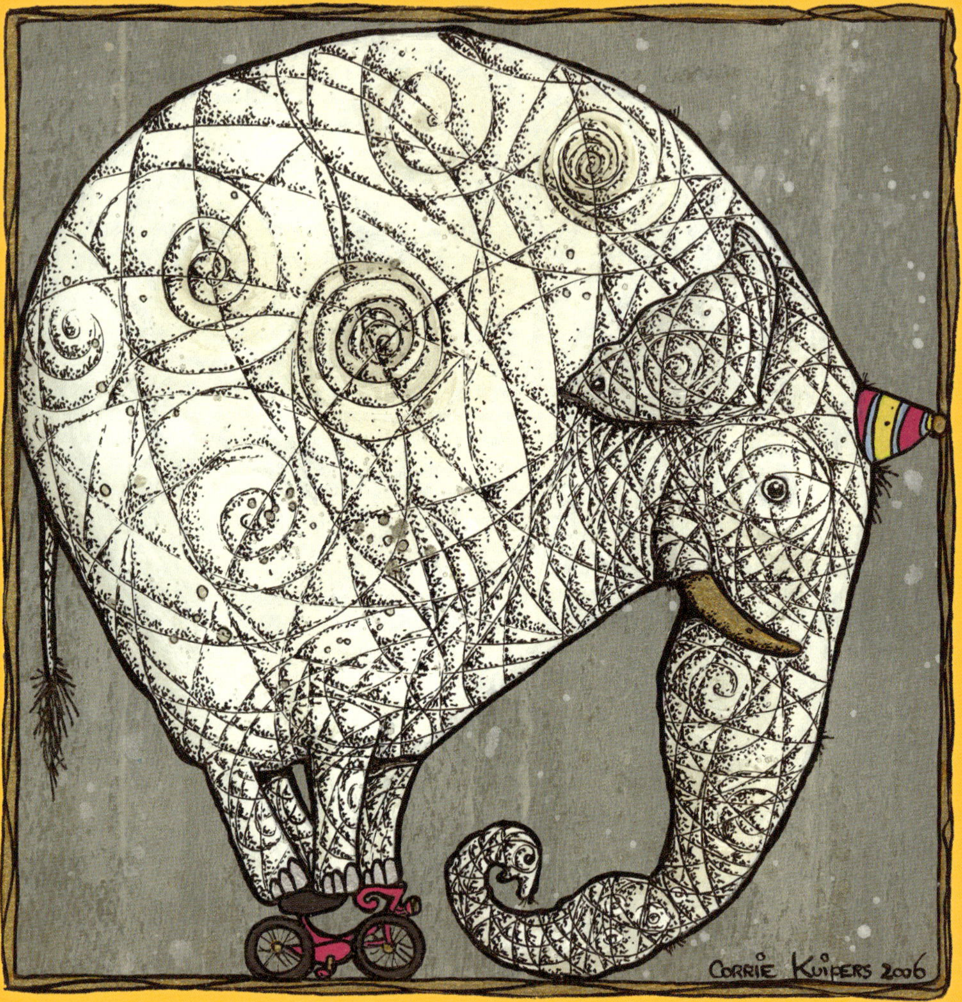
CORRIE KUIPERS 2006

Goede raad

Ons olifantje, ooit zo lief
schatteboutje, hartendief
is nu in de puberteit:
mopperen, stijfkoppigheid
schelden, stampen met zijn voet
omdat alles anders moet
en eisen maar met veel gegil
een motor, boot, of andere gril

wanhopig en verslagen
zijn wij bij Jeugdzorg
hulp gaan vragen

zij steunden ons met goede raad :
ouders het is niet te laat
nooit de moed verloren
laat je niet ringeloren
schep nieuwe moed
wees hard wanneer het moet
jullie zijn in huis de baas,
dus
verbiedt hem verder stom geraas
laat het niet meer gebeuren
dat hij weer gaat zeuren
om een auto of zo iets
zeg dan ferm: 't is al of niets
je krijgt van ons alleen een fiets

Wiljen van Seters

Corrie Kuipers (1962, NL) vond haar roeping in de kunst pas op haar dertigste, maar heeft die late start nooit als een nadeel ervaren: "Ik had kennelijk een zekere mate van volwassenheid nodig om datgene uit te beelden op de manier waarop ik dat nu doe." Ze heeft een geheel eigen humoristische stijl die niet gemakkelijk in een hokje te plaatsen valt. Een bonte stoet van dieren, krijgers, badgasten, heiligen en reizigers - vaak humoristisch, soms verstild of zelfs verbaasd, maar altijd positief - trekt aan het oog voorbij. "Ik hoef niet naar inspiratie te zoeken, die vind ik overal om me heen. Er zijn gewoon geen uren genoeg in een dag om alles te schilderen wat ik zou willen." Ze heeft veel plezier in het schilderen en vindt het belangrijk dat mensen daarvan door haar werk iets meekrijgen. Corrie werkt in acryl en inkt op papier en MDF. Gewoon aan de keukentafel in het Sneker huis dat ze met schrijfster Nene Adams deelt: "Nene zit een paar meter verderop achter de computer. Onze huisdieren keutelen daar wat tussendoor. Dat werkt voor mij het prettigst. Ik moet er niet aan denken om ergens alleen in een atelier te zitten."

Weblog: http://corrieweblog.punt.nl/
Website: http://www.corrieweb.nl/
Webstore: http://www.cafepress.com/corriewebstore

Jan Bontje (1948, NL) schrijft uit een onbedwingbare behoefte (maar ook in opdracht hoor) zijn bontjes (haiku), quadreinen, quindreinen, luisterliedjes, aforismen, columns, essays en boekrecensies. Samen met Carlos Bretón en Frans Lodewijk vormt hij Trias, een muzikaal poëtisch trio dat zijn eigen weg gaat.

Jan T. Bril is het pseudoniem waaronder dichter Jan Doornbos (1957, NL) *light verse* schrijft. Hij schrijft sinds medio 2000 poëzie en bracht twee bundels uit: *Vandaag is van glas* (De Distel, 2003) en *Smeltwater* (samen met Cilja Zuyderwyk; De Smederij, 2004). Ook werden gedichten van hem gepubliceerd in diverse bloemlezingen, verzenbundels van A3 boeken en literaire tijdschriften als De Brakke Hond, Deux ex machina en Krakatau.

Wim Bruynooghe (1949, VL) houdt van fietsen, legpuzzels, tangram en pentamino. Mede omdat hij dan zijn gedachten de vrije loop kan laten... Een bundeltje filosofische bedenksels verpakt in lichtgewicht poëzie verscheen onder de titel *Karamellosofie*. Hij werd eerder laureaat van de puntdichtwedstrijd Harelbeke en de Poëzieprijs Belgisch Centrum voor Beeldverhaal.

Marleen Kamminga (1962, NL) trad in de jaren '80 onder de naam Eva Onrust op als performancedichteres en maakte deel uit van de (vrouwen)rockband Wanda's. Taal is haar passie in vrije tijd (poëzie) én werk (copywriting/tekstschrijven). Verzen van haar hand zijn opgenomen in vele verzenbundels van A3 boeken.

Wiljen van Seters (1926, NL). Als onderzoekspsycholoog werkte zij bij verschillende welzijnsinstellingen en als researchpsycholoog aan de Utrechtse en Leidse universiteit. Schrijft en dicht zo lang zij kan schrijven. Van haar hand verscheen in 2005 *Eetbare mannen*, gedichten over baatzuchtige liefde.

Laurens Windig (1943, NL) droomde van het theater maar door omstandigheden werd een andere richting gekozen. Nu schrijft hij vrije poëzie, sketches, kindermusicals, cabaretteksten en toneelstukken. Ook regisseren blijkt hem te liggen. Vluchtige indrukken inspireren hem tot het schrijven van haiku en senryu.

Wilma van Woesik (1950, NL) schrijft sinds 1984 teksten. Eerst waren dat voornamelijk zakelijke teksten voor het bedrijfsleven, nu zijn dat steeds vaker teksten met een culinaire en soms een poëtische inslag. Voor *Kijken, kwinken en koken op kleur* (A3 boeken, 2004) verzorgde zij de recepten. Daarnaast ontwikkelt zij ideeën, op culinair gebied, zowel kokend als schrijvend.

Cilja Zuyderwyk (1949, NL) is galeriehouder en consultant. Op artistiek gebied is ze van vele markten thuis: ze schilderde, tekende, maakte textielobjecten en ontwerpt op dit moment glasobjecten. In haar puberteit tot begin twintig schreef ze poëzie en proza. In 2002 begon haar tweede dichtersleven. Ze publiceert op literaire e-zines, waaronder Meander, en in literaire bladen. In 2004 verscheen *Smeltwater*, een bundel liefdesgedichten van haar en haar partner Jan Doornbos.

Het stapelschaap is een uitgave van A3 boeken, Geesteren (NL), www.A3boeken.nl

© schilderijen Corrie Kuipers, 2006
© dierengedichten bij de respectieve auteur, 2006

Vormgeving: Natasja Claessens
Grafische productie: Tailormade

ISBN-10: 90 77408 27 4
ISBN-13: 9789077 408 27 8